LECOY DE LA MARCHE

1840-1897

LECOY DE LA MARCHE

1840-1897

OBSÈQUES

DE

M. LECOY DE LA MARCHE

Le fascicule où nous annoncions la mort de l'un de nos doyens, M. de Mas Latrie, venait de paraître, lorsqu'un nouveau deuil a frappé la Société de l'École des chartes. Le 22 février 1897, quelques heures après avoir quitté les Archives nationales, où il exerçait les fonctions de sous-chef de la Section historique, un de nos confrères, âgé de cinquante-sept ans à peine, M. Lecoy de la Marche, succombait tout à coup au mal implacable qui l'avait déjà terrassé il y a plus d'un an. Après cette première atteinte, nous l'avions vu mettre à reprendre son service ce courage et cette persévérance dont il a fait preuve aussi bien dans ses travaux que dans toutes les circonstances de sa vie. On va lire les discours où le garde général des Archives nationales et les présidents de la Société de l'École des chartes et de la Société des Antiquaires de France ont apprécié les mérites de l'érudit et du fonctionnaire. Nous regrettons profondément de ne pouvoir y joindre les paroles, d'autant plus émues et d'autant plus émouvantes qu'elles n'étaient pas préparées, dans lesquelles l'ami de tous les jours, le témoin constant de sa vie, celui qui, la veille même de la mort de notre confrère, lui prêtait encore le soutien de son bras pour regagner sa demeure, M. Léon Gautier, a rendu aux qualités de l'homme la justice qui leur était due.

DISCOURS DE M. SERVOIS

GARDE GÉNÉRAL DES ARCHIVES NATIONALES.

« Messieurs,

« Il y a peu de jours encore, M. Lecoy de la Marche était au milieu de nous, luttant contre le mal qui, depuis plus d'une année, l'étreignait si durement, et réunissant ce qui lui restait de forces pour ajouter quelques pages à l'inventaire qu'il venait d'entreprendre. Samedi dernier, il nous quittait vaincu, mais ne voulant pas cependant désespérer de lui-même et parlant encore de l'avenir à l'ami, le plus bienveillant des chefs et le plus dévoué des confrères, qui, dans sa sollicitude, l'accompagnait jusqu'au seuil de sa maison.

« Il s'éteignit doucement deux jours après. La mort lui a été clémente; mais il était de ceux qui savent l'envisager sans crainte : déjà, il y a seize mois, il l'avait sentie s'approcher de lui et n'avait pas faibli, puisant dans la foi qui inspira une partie de ses écrits autant de résignation qu'en permettaient ses préoccupations de père de famille, menacé qu'il était d'être séparé des siens avant d'avoir pu assurer et même préparer la destinée de chacun d'eux.

« Peu d'érudits auront publié un plus grand nombre d'ouvrages. Il est réservé à d'autres de vous parler de ceux qui ont presque popularisé son nom, des récompenses académiques qu'ils lui ont values, des mérites divers qui avaient recommandé, comme éditeur, notre savant et laborieux confrère au choix de la Société de l'histoire de France, de la Société des anciens textes, de la Société de l'École des chartes. Sans même rappeler les œuvres qu'il a tirées de l'étude de nos documents, je me bornerai à citer les travaux dont le soin lui fut confié par l'administration des Archives.

« Albert Lecoy de la Marche, que nous perdons à l'âge de cinquante-sept ans, appartenait depuis plus de trente-cinq années au service des archives, soit départementales, soit nationales. En 1861, quatre mois après la soutenance, à l'École des chartes, d'une thèse qui eut quelque retentissement et qui suscita d'assez vives polémiques, il reçut la mission d'organiser et de compléter, en provoquant les réintégrations nécessaires, les archives du département de la Haute-Savoie, récemment annexé à la France. Trois ans plus tard, M. de Laborde l'appelait à Paris. A la section administrative, l'une de ses occupations fut la rédaction de l'inventaire des titres de la maison d'Anjou, que nous nous apprêtions, peu de jours avant sa mort, à mettre à la disposition du public.

« En 1871, il reçut de la direction générale des Archives une haute marque de confiance : il fut le continuateur, désigné par elle, de la publication de l'inventaire des Titres de la maison ducale de Bourbon, qu'avait interrompue la mort de Huillard-Bréholles. Le tome II, qui parut en 1874 et qui est presque entièrement l'œuvre de Lecoy, tient une place honorable dans la collection d'inventaires imprimés sous l'administration de MM. de Laborde et Maury.

« Plus intéressante encore eût été la publication du premier volume de l'inventaire du Supplément du Trésor des chartes, s'il lui eût été donné de l'achever.

« Entré en 1882 dans la section historique, — dont il est devenu le sous-chef en 1892, après avoir été, pendant de longues années, le doyen des archivistes, — Lecoy de la Marche avait analysé le fonds de l'abbaye de Savigny et dressé le répertoire numérique d'une série importante, quand, sur la proposition de son chef, il fut chargé de dépouiller le Supplément du Trésor. Il en poursuivit l'étude et l'analyse pendant deux ans; mais, à son vif regret, la maladie l'avait contraint, il y a quelques mois, de consacrer désormais ses efforts à une tâche moins ardue.

« Telles sont, rapidement énumérées, les principales des œuvres que Lecoy de la Marche accomplit ou commença pour les Archives nationales. Mais, plus encore peut-être que les très utiles inventaires qu'il nous a laissés, le souvenir de trente-deux années de communs labeurs dans l'hôtel Soubise y préservera sa mémoire de l'oubli ou de l'indifférence.

« Une existence qu'a remplie un travail incessant et qu'ennoblissait, en quelque sorte, la fermeté stoïque et silencieuse avec laquelle il acceptait, sans une plainte, les plus cruelles épreuves, méritait de notre part un suprême hommage, et je le rends tristement au nom de mes collègues. »

DISCOURS DE M. BABELON

PRÉSIDENT DE LA SOCIÉTÉ DE L'ÉCOLE DES CHARTES.

« Messieurs,

« Depuis quelques mois, la mort frappe à coups redoublés dans les rangs de la Société de l'École des chartes, et rarement le pieux et touchant devoir d'accompagner un confrère à sa dernière demeure nous a été imposé avec une fréquence aussi douloureuse. Il y a peu de semaines, c'était l'un de nos doyens, Louis de Mas Latrie, à qui j'adressais l'adieu suprême; peu auparavant, c'était Louis Courajod, l'ami et le contemporain d'Albert Lecoy de la Marche, l'un et l'autre emportés à peu près au même âge, dans la maturité du talent, au milieu d'une carrière scientifique des plus fécondes et qui se trouve prématurément fermée.

« Comme celle de Louis Courajod, la carrière administrative et honorifique d'Albert Lecoy de la Marche se résume en peu de mots : elle a la modestie qui, la plupart du temps, accompagne le mérite scientifique; après avoir obtenu le diplôme d'archiviste-paléographe le 28 janvier 1861, notre regretté confrère fut nommé archiviste du département de la Haute-Savoie, d'où il passa, trois ans plus tard, aux Archives de l'Empire : c'est dans ce vaste dépôt que la mort est venue l'atteindre comme sous-chef de la section historique.

« Après sa thèse, qui eut quelque retentissement, sur l'autorité de l'*Histoire des Francs* de Grégoire de Tours, Lecoy de la Marche débuta dans l'érudition, en 1863 (*Bibliothèque de l'École des chartes*), par une étude sur le testament d'Amédée III, comte de Genevois (en 1371), dans laquelle se manifeste nettement déjà l'une des tendances de l'esprit distingué de l'auteur : la recherche et l'interprétation des documents relatifs à l'histoire des arts en France. Et en effet, Lecoy de la Marche laisse, dans cet ordre d'idées, plusieurs publications solides et durables. C'est d'abord le recueil important qui a pour titre : *Extraits des comptes et mémoriaux du roi René pour servir à l'histoire des arts au XVe siècle* (1872, in-8°), utile complément des travaux du marquis de

Laborde dans le même champ de recherches. Je citerai ensuite le volume intitulé : *l'Académie de France à Rome* (1874, in-8º), étude qui a pour base la correspondance des directeurs de ce séminaire des arts, fondé par Colbert et qui, depuis deux siècles, a donné à la France tant de grands artistes; le petit volume sur *les Sceaux* (1889, in-8º), intéressant résumé des travaux modernes relatifs à la sigillographie du moyen âge. Enfin, *les Manuscrits et la miniature* (1884, in-8º); *l'Art d'enluminer* (1890, in-8º); *la Peinture religieuse* (1892, in-4º); *le XIIIᵉ siècle artistique* (1889, in-4º) sont des essais qui, dans la pensée de l'auteur, devaient concourir à la composition d'un ouvrage considérable sur les mêmes matières.

« A côté de l'histoire des arts, la critique historique proprement dite attira aussi l'ardente activité de Lecoy de la Marche. Il édita et annota avec intelligence et avec un soin scrupuleux *les Coutumes et péages de Sens*, texte français du commencement du XIIIᵉ siècle (1866, in-8º); *le Mystère de saint Bernard de Menthon* (1888, in-8º) dans la collection publiée par les soins de la *Société des anciens textes français*; les *Œuvres complètes de Suger* et les *Anecdotes historiques d'Étienne de Bourbon*, dans la collection de la *Société de l'histoire de France*. En même temps, comme une voix autorisée le rappelait tout à l'heure, ses fonctions administratives l'amenaient à terminer la grande publication de Huillard-Bréholles sur les Titres de la maison ducale de Bourbon. On lui doit aussi un texte, rapproché du français moderne, de la *Vie de J.-C. composée au XVᵉ siècle d'après Ludolphe le Chartreux* (1870, in-4º).

« Dès 1868, Lecoy de la Marche s'était révélé, comme historien curieux et original, par la publication de son beau livre sur *la Chaire française au moyen âge*, qui fut couronné par l'Académie des inscriptions et belles-lettres et qui restera comme son œuvre la plus étudiée, la mieux condensée, la plus complète. Il acheva de mettre le sceau à sa notoriété par ses deux volumes sur *le Roi René, sa vie, son administration, ses travaux artistiques et littéraires* (1875); notre confrère obtint le grand prix Gobert à l'Académie des inscriptions et belles-lettres pour cet ouvrage considérable où il a su, avec talent, mettre en relief la vie intime et le rôle public d'un prince qui fut le Mécène de son temps et dont le souvenir est resté populaire et environné d'une sorte d'auréole légendaire.

« Dans son *Saint Martin* (1881, in-8º), Lecoy de la Marche entreprend, comme dom Pitra l'avait fait, non sans succès, pour saint Léger, de donner à l'hagiographie une place plus grande que celle qu'elle occupe aujourd'hui dans les préoccupations des historiens. L'idée est éminemment louable et doit être féconde, mais l'exécution était particulièrement ardue, car l'histoire de saint Martin n'est pas seulement celle d'un des patrons de l'ancienne France; il faut y voir avant tout, comme le dit l'auteur, l'histoire « de la substitution du christianisme à

« l'idolâtrie, dans la contrée qui est devenue la France, et spéciale-
« ment dans les campagnes gauloises. » Vaste et difficile sujet que
notre confrère n'a pu épuiser dans un volume écrit avec une chaleur
communicative qui ne nuit point à son érudition, et qu'on lit avec
autant d'agrément que de profit.

« Les deux volumes consacrés aux *Relations politiques de la France
avec le royaume de Majorque* (1892) contiennent, comme commentaire
à de nombreux documents inédits rassemblés à grand'peine en France
et en Espagne, un récit vivant et coloré des vicissitudes, peu connues
jusque-là, de l'histoire des îles Baléares au moyen âge. Dans ce dernier des plus importants travaux scientifiques de notre confrère, on
retrouve les qualités qui font l'originalité et l'attrait de son érudition :
comme il en exprime l'ambition en quelqu'une de ses préfaces, il a su
ici, aussi bien que dans ses autres ouvrages, tirer des documents un
récit suivi, et « faire, dit-il, une gerbe agréable et solide, plutôt qu'une
« masse informe et sans cohésion, un livre à lire plutôt qu'une com-
« pilation à consulter. »

« Érudit de profession, Lecoy de la Marche voulut viser le grand
public; il eut le talent de l'atteindre et de mettre à sa portée des
découvertes scientifiques, qui seraient vaines et inutiles si elles
devaient rester l'apanage des savants qui les ont faites. Il écrit pour
ainsi dire d'abondance, d'une plume alerte et avec une facilité rare;
on a prétendu même que cette facilité, qui est un don naturel des plus
enviables, a pu parfois nuire à la sévérité de sa critique. Toujours
est-il qu'elle ne le dispensa point du travail, je dirai d'un travail opi-
niâtre, incessant. La vie de Lecoy de la Marche a été une vie de lutte
par le travail. D'un tempérament plutôt impétueux, mais qui savait
se maîtriser, il avait les dehors d'un homme calme et énergique, aus-
tère et réservé, peu expansif; il n'était pas de ceux qui, au milieu des
joies et des difficultés de la vie, passent tour à tour de l'exaltation au
découragement. Il cheminait gravement, en philosophe soutenu par
des convictions religieuses aussi inébranlables et intransigeantes qu'il
était infatigablement laborieux. Polémiste à ses heures, il mit avec
bonne foi et sans arrière-pensée son érudition et son réel talent litté-
raire au service de ses convictions, et plusieurs de ses écrits, — il s'en
faisait gloire, — ont un caractère nettement apologétique. Si ses opi-
nions n'eurent pas le don de plaire à tous, du moins ne saurait-on
lui refuser le rare mérite de ne les avoir jamais cachées, au risque
même de se trouver, à certains moments, en conflit avec ce qu'on
appelle les idées du jour.

« Il y a dix-huit mois, cet homme de caractère et vraiment courageux, épuisé par le labeur quotidien que lui imposaient les nécessités
de l'existence, est tombé comme un soldat sur le champ de bataille,
frappé soudain par un mal implacable. Nous le vîmes essayer de se rele-

ver ; il se ressaisit comme un vaillant qu'il était, et stoïquement, sans proférer une plainte, il voulut se remettre à ses travaux, reprendre sa plume, retourner à son bureau des Archives nationales. Mais il n'était plus, hélas, que l'ombre de lui-même, ses forces physiques trahissaient son énergie morale, et en le contemplant avec tristesse, nous nous disions qu'il ne jouissait que d'un répit momentané. La mort, même lorsqu'elle est attendue, surprend toujours ; nous espérions, malgré tout et contre toutes les apparences, un relèvement relatif, lorsque nous avons appris que notre confrère avait subitement cessé de vivre. Il descend dans la tombe, trop tôt, hélas, pour les siens ; trop tôt aussi pour les travaux que nous promettaient son activité et son expérience. Du moins, je puis dire que, s'il n'a pas donné toute sa mesure, les œuvres nombreuses qu'il nous laisse honorent grandement sa mémoire, qui sera toujours chère à ses confrères et à ses amis. »

DISCOURS DE M. L'ABBÉ H. THÉDENAT

PRÉSIDENT DE LA SOCIÉTÉ DES ANTIQUAIRES DE FRANCE.

« Messieurs,

« Albert Lecoy de la Marche entra tardivement dans la Société des Antiquaires de France. En effet, à la séance du 6 mai 1885 seulement, il fut élu membre résidant à la place de M. Michelant, promu à l'honorariat.

« C'est vous dire que notre nouveau confrère, au moment où il fut admis dans notre Compagnie, avait déjà derrière lui un long passé d'une vie laborieuse.

« Sorti le second de l'École des chartes, en 1860, il avait choisi comme sujet de thèse : *De l'autorité historique de Grégoire de Tours*. Il cherchait à démontrer, non sans une part d'exagération, — il avait alors vingt ans, — que, à défaut de sources historiques écrites, l'historien des Gaules puisa dans les épopées et dans les légendes. Cette théorie, toute nouvelle alors, souleva de vives protestations. Il est, de nos jours, des savants qui la reprennent. Quoi qu'il en soit, cette première œuvre montra que le jeune archiviste, à ses débuts, était doué d'un esprit indépendant, apte à concevoir des idées personnelles, capable de chercher sa voie en dehors des chemins battus.

« Après un séjour de quelques années à Annecy, où il fut envoyé comme premier archiviste de la Haute-Savoie, récemment annexée à la France, il revint, en 1863, à Paris, aux Archives nationales. Pendant les années qui suivirent il publia, dans la collection de la *Société de l'histoire de France,* une édition des œuvres complètes de Suger.

« En 1868, parut un de ses meilleurs travaux, une étude sur *la Chaire française au moyen âge, spécialement au XIIIe siècle*. De longues et patientes recherches, une étude approfondie des documents, des déductions sagement tirées ont permis à l'auteur de traiter largement son sujet. Les prédicateurs du moyen âge ne craignaient pas de dérider, par des anecdotes piquantes, la gravité de la chaire chrétienne ; la peinture des mœurs contemporaines et les personnalités ne les effrayaient guère. Aussi l'étude consciencieuse de notre confrère a pour objet, non seulement les prédicateurs, mais toute la société : gens d'église et moines, nobles et vilains, bourgeois et soldats, femmes de toute condition, écoliers et professeurs, savants et artistes, tous sont pris sur le vif ; c'est un tableau animé et plein d'intérêt de la vie à cette époque.

« L'Académie des inscriptions et belles-lettres, qui avait mis le sujet au concours, en jugea ainsi ; car elle donna le prix à M. Lecoy de la Marche. Le public fut du même avis que l'Académie, et, chose rare pour une œuvre d'érudition, ce livre eut l'honneur d'une seconde édition.

« Après les désastres de la guerre de 1870 et de la Commune, la Société de l'École des chartes décida qu'elle publierait, pour que leur perte, en cas de nouveaux malheurs, ne fût pas irrémédiable, les documents d'archives les plus importants pour notre histoire. Le premier volume de cette série, contenant les *Extraits des comptes et mémoriaux du roi René pour servir à l'histoire des arts au XV*e *siècle*, fut édité par M. Lecoy de la Marche. Édifices d'Angers, bâtiments et domaines de l'Anjou, édifices de Provence, travaux divers, objets d'art, meubles et ustensiles, sous ces rubriques, l'éditeur classe et annote une longue série de documents, jetant ainsi la plus vive lumière sur la vie intérieure à la fin du moyen âge, sur l'histoire des arts et du mobilier, sur l'influence qu'exerça dans tous ses États le roi René, ami et protecteur des arts. Plus tard, se transportant dans tous les pays où vécut ce prince éclairé, en Provence, à Naples, à Gênes, à Milan, M. Lecoy de la Marche recueillit dans les archives locales de nouveaux documents. De ces longues recherches, de la mise en œuvre de ces matériaux patiemment réunis, sortit le livre intitulé : *le Roi René*. C'est une étude complète et documentée de la vie politique de ce prince fidèle et peu récompensé par le roi de France, de son administration, de ses travaux artistiques et littéraires. L'Académie des inscriptions et belles-lettres décerna à l'auteur la récompense la plus haute et la plus enviée, le prix Gobert.

« Les *Anecdotes tirées d'Étienne de Bourbon*, le *Saint Martin*, dont la partie archéologique et géographique offre un réel intérêt et dont l'illustration est au-dessus de tout éloge, et enfin l'histoire des relations diplomatiques de la France avec l'île de Majorque terminent la série des travaux de longue haleine publiés par notre confrère. Je ne puis que faire allusion à ses œuvres moins considérables : volumes de la *Bibliothèque de l'enseignement des beaux-arts*, articles épars dans les revues les plus diverses : *Bibliothèque de l'École des chartes, Revue des*

Questions historiques, Gazette des beaux-arts, Bulletin monumental, Correspondant, Nouvelle Revue, chroniques d'histoire et d'archéologie dans plusieurs journaux..., la simple énumération de ces travaux formerait une liste bibliographique considérable.

« Et là ne fut pas toute son œuvre. Professeur pendant plusieurs années à l'Institut catholique et conférencier très suivi, il avait groupé autour de lui un nombreux auditoire.

« Au *Bulletin* de notre Société, notre regretté confrère a donné diverses communications et aux volumes de nos *Mémoires* un traité italien du xiv° siècle de *l'Art d'enluminer* et une curieuse étude sur *le Bagage d'un étudiant en 1347.* Le 6 novembre de cette année 1347, on trouva, sur le bord de la route et en vue de Château-Landon, le cadavre d'un jeune boursier de Sorbonne, qui, ses vacances terminées, retournait à cheval de Nevers, sa patrie, à Paris. Sur l'ordre du bailli de Courtenai et par le ministère du tabellion de Château-Landon, en présence d'un bourgeois de la localité, de trois sergents de la reine et de quatre témoins requis, il fut dressé un inventaire complet des effets trouvés dans les bagages et sur la personne du jeune étudiant. Cette pièce, jusque-là inconnue, nous montre, dans les plus minutieux détails, comment voyageaient les étudiants aisés du xiv° siècle, quelles étaient leurs habitudes, quels livres et quels objets ils emportaient avec eux. C'est une page inédite des plus curieuses, abondant en renseignements nouveaux et dont M. Lecoy de la Marche a tiré le meilleur parti.

« Depuis plus d'un an, notre confrère ne paraissait pas à nos séances. Une attaque soudaine, tout en respectant la lucidité de son intelligence, avait gravement atteint son corps. Ce premier et sévère avertissement de la mort, qui semblait devoir l'inviter au repos, ne triompha pas de son activité. Dès que ses forces mal affermies le lui permirent, il revint, bien péniblement, à son bureau des Archives ; à ce coup douloureux il opposait, comme aux autres épreuves qui avaient traversé sa vie, la résignation d'un fervent chrétien et la patience d'un sage. Jamais ses amis, même les plus intimes, ne reçurent la confidence de ses plaintes. Là fut le côté vraiment grand de son caractère et qui mit, dans sa vie morale, une remarquable unité. Ceux qui l'ont connu pendant les années pleines d'espérances de la jeunesse, dans l'âge mûr et jusqu'à la mort, l'ont toujours vu le même : immuable dans ses croyances, courageux et doux à la fois devant les difficultés, infatigable à travailler.

« Il fut frappé la nuit, pendant son sommeil. Sans doute, il ne vit pas la mort venir. Elle ne l'aurait pas effrayé ; il l'attendait. Pendant cette cruelle et dernière année, il l'avait plus d'une fois appelée, comme la grande libératrice, comme l'amie suprême qui devait couronner ses hautes espérances. A celui qui, jusqu'à la fin, fut pour lui le plus fidèle et le plus chaud des amis, il disait souvent : « J'aurais « dû mourir après ma première attaque ; j'étais si bien préparé ! J'ai « manqué le coche. »

« Non, cher confrère, vous n'avez pas manqué le coche ; une année de souffrance et de résignation compte pour l'éternité ! »

(Extrait de la *Bibliothèque de l'École des chartes*, tome LVIII, 1897.)

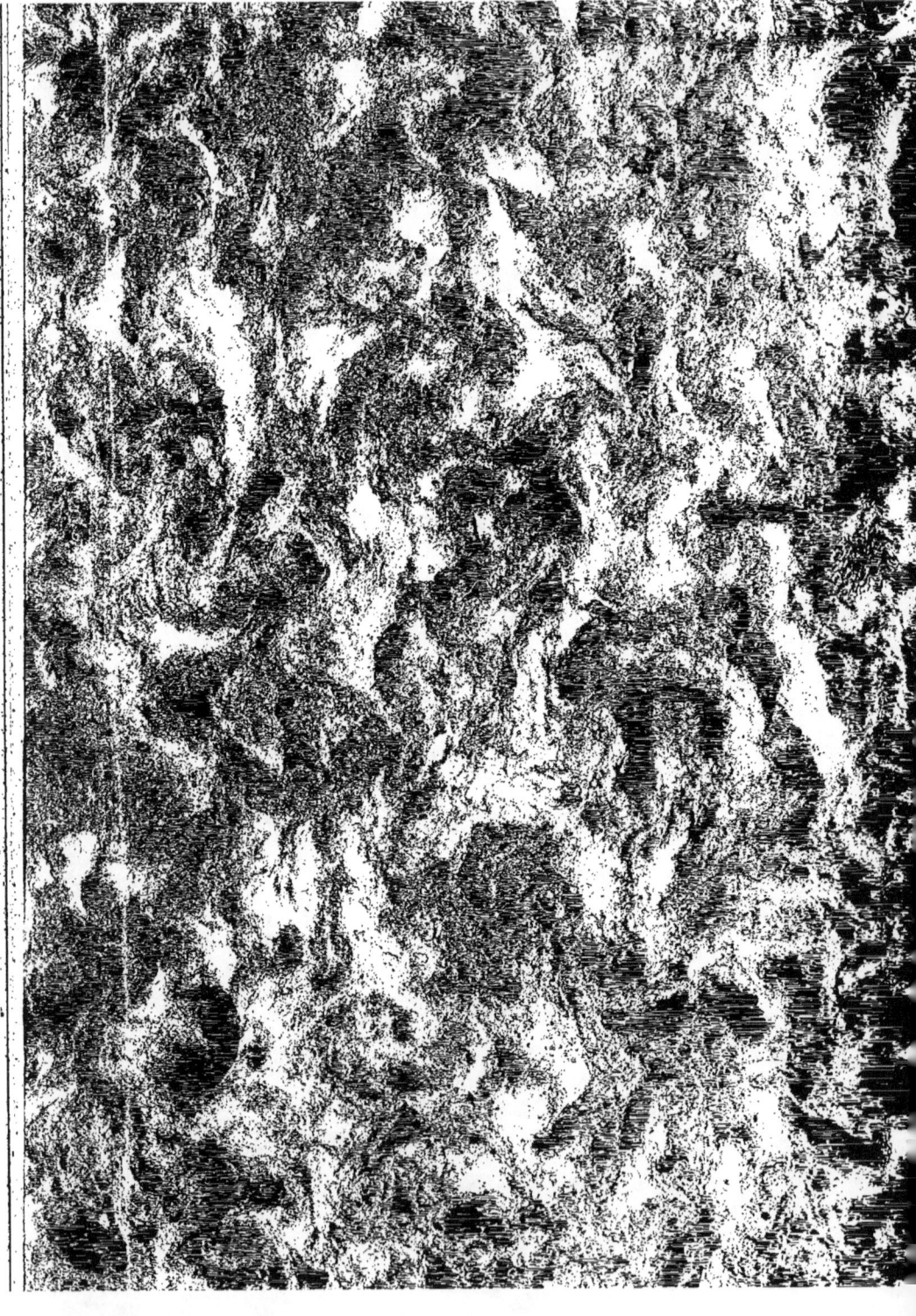

www.ingramcontent.com/pod-product-compliance
Lightning Source LLC
Chambersburg PA
CBHW070459080426
42451CB00025B/2808